AF555838

HOMELIE VI.

POUR LE HUITIÉME

DIMANCHE

D'APRÉS LA PENTECÔTE,

SUR

L'ECONOME INFIDELE.

Par M. le Curé de S. Sulpice de Paris.

SECONDE EDITION.

A PARIS,

Chez RAYMOND MAZIERES, ruë S. Jacques, prés la ruë du Plâtre, à la Providence.

M. DCCVII.

AVEC APPROBATION ET PRIVILEGE DU ROY.

TEXTE DU SAINT EVANGILE

SELON SAINT LUC.

EN ce temps-là, Jesus dit à ses Disciples, Un homme riche avoit un Receveur, qui fut accusé devant lui comme s'il eût dissipé ses biens. Il le fit venir & lui dit: Qu'est ce que j'entens dire de vous? rendez compte de vôtre administration, car dorénavant vous ne pourrez plus faire mon économie. Surquoi le Receveur dit en lui-même: Que ferai-je, puisque mon Maître m'ôte le gouvernement de ses biens? Je ne puis travailler à la terre, & j'ay honte de mandier. Je sçai ce que j'ai à faire, afin que mon emploi m'étant ôté, il y ait des personnes qui me reçoivent dans leurs maisons. Ayant donc appellé tous ceux qui devoient à ſon Maître, il dit au premier: Combien devez-vous à mon Maître? Cent meſures, d'huile, dit-il: Voilà, dit le Receveur, vôtre obligation que je vous rends, aſſeyez-vous promptement, & en écrivez une de cinquante. Puis il dit à un autre: Et vous, combien devez-vous? Cent meſures de froment. Voilà, dit-il, vôtre promeſſe, faites-en une de quatre-vingt. Le Maître loüa ce Receveur infidele, de ce qu'il avoit fait une action d'homme d'eſprit. Car les enfans de ce ſiecle ſont plus aviſez dans leur conduite que les enfans de lumiere. Et moy je vous dis: Employez les richeſſes d'iniquité pour vous acquerir des amis, afin que quand vous viendrez à manquer, ils vous reçoivent dans les tabernacles éternels. *Luc* 16. 1.

HOMELIE SIXIÉME SUR L'ECONOME INFIDELE.

LE Seigneur ne veut pas ſeulement que nous ſoyons détachez des biens temporels, il veut de plus que nous en ſoyons les diſpenſateurs fideles & prudens. En effet ils ſont plus à lui qu'à nous, dit ſaint Chryſoſtome : *Noli putare tua eſſe quæ habes, Domini ſunt:* ils viennent de lui : il eſt la ſource unique d'où tous les biens découlent : ſa providence en eſt la diſpenſatrice : il les diſtribuë à qui il lui plaît, pour des raiſons que nous devons adorer, mais que nous ne pouvons ni ne devons aprofondir : nous n'en ſommes point les abſolus proprietaires, ce ſont des dépôts qu'il nous a confiez, dont il faudra lui rendre compte : quand même ils ſeroient venus à nous par heritage, ou que par nos travaux nous les aurions juſtement acquis, ajoute le même Saint : *res tibi credita eſt : mutuò tibi conceſſit : etiamſi laboribus juſtis, etiamſi hæreditate paternâ ad te pervenerint.* Nous ſommes donc tenus d'en faire un bon uſage, qui ſans doute eſt un plus grand bien que ne le ſont les biens mêmes : malheur à celui qui les diſſipe, ou qui les fait ſervir à ſes convoitiſes dereglées (*non enim accepiſti ut devorare habeas*, continuë le même Pere) & qui ne les regarde pas comme des moyens de ſalut, que le Seigneur lui a mis entre les mains : car il eſt certain que de la mauvaiſe adminiſtration des biens temporels, dépendent des maux ſpirituels ſans nombre, tels que l'impoſſibilité de faire l'aumône ; la mauvaiſe éducation des enfans ; le peu d'affection & de fidelité des Domeſtiques, des Fermiers, des Marchands, des Ouvriers ; la multiplication des dettes ; le défaut de reſtitution ; la ruine des heritages mal cultivez ; & ſouvent les violences, les fraudes & les injuſtices. Tant il eſt vrai que le dérangement des affaires temporelles, traîne aprés lui le déſordre des affaires ſpirituelles, & qu'il en eſt pour l'ordinaire un triſte préjugé. Un homme negligent eſt par tout negligent : au contraire celui qui eſt fidele dans les moindres choſes, qui ſont les temporelles, dit le Sauveur, *qui fidelis eſt in minimo*, eſt fidele dans les plus grandes, qui ſont les ſpirituelles : *& in majori fidelis eſt* : car il montre par-là qu'il eſt fidele par vertu, & non par rapport au plus ou au moins : & celui qui eſt injuſte dans les petites choſes, qui ſont les temporelles, *& qui in modico iniquus eſt*, le ſera dans les grandes, qui ſont les ſpirituelles : *qui in modico ini-*

quus eſt , in majori iniquus erit. Si donc , continuë la verité même, vous n'êtes pas fideles dans l'adminiſtration des richeſſes temporelles, qui ne ſont que de faux biens, & qui vous étant comme étrangers , vous doivent peu intereſſer : comment pourrez-vous l'être dans l'adminiſtration des biens ſpirituels , qui ſont les veritables biens , qui ſont ſi importans, qui vous touchent de ſi prés , & dont le bon uſage eſt encore plus difficile à faire , que ne l'eſt celui des biens temporels ? *Si ergo in iniquo mammona fideles non fuiſtis , quod verum eſt quis credet vobis ? & ſi in alieno fideles non fuiſtis, quod veſtrum eſt quis dabit vobis ?*

C'eſt l'Evangile d'aujourd'huy, qui ſous la parabole d'un Econome infidele, lequel diſſipe les biens de ſon Maître, nous inſinuë ces importantes veritez : il nous découvre de plus l'erreur de ceux qui pretendant joüir de la commodité des biens temporels, ſans qu'il leur en coûte ni peine ni ſoin, s'en repoſent entierement ſur la bonne foy d'un Intendant , & ſe diſpenſent de veiller ſur ſa conduite & d'examiner ſes comptes. Voyons dans cet exemple évangelique d'aujourd'hui les fâcheuſes extremitez où tombent également , & un pere de famille negligent, & un Econome infidele. Admirons la noble ſimplicité de l'Ecriture, qui renferme en peu de mots les déplorables manquemens de l'un & de l'autre, & qui en deux coups de pinceau fait un portrait achevé. Au reſte ne regardons pas la parabole d'aujourd'huy comme une de ces inſtructions qui pouvoient eſtre convenables aux temps paſſez, & non à ceux-cy ; car nous y trouverons une image naïve de ce qui se passe tous les jours parmi nous : pouvant bien dire à ce sujet avec l'Apôtre : *Quæ parabola est temporis instantis.*

Heb. 9. 9.

Voicy le texte de l'Evangile : *En ce temps-là Jesus dit à ses Disciples : Un homme riche avoit un Receveur, qui fut accusé devant lui d'avoir dissipé ses biens.* En effet il étoit coupable de divers crimes, qu'il est bon d'exposer icy.

1°. *D'Infidelité.* Peut-on en voir une plus grande, puisque dans le cours de son administration, il avoit dissipé les revenus courans de son Maître, & que sortant de son employ il en aliena les fonds ? D'ailleurs son infidelité étoit d'autant plus indigne, que son Maître plein de confiance en sa probité lui avoit confié le gouvernement de tous ses biens sans exception : immobiliers, il étoit le Receveur de ses terres & heritages : *Villicus, seu bonis ruralibus præfectus.* Mobiliers, il avoit les contrats, les obligations, & les billets de son Maître : *Litteras, seu schedulas, & cautiones*, avec pouvoir d'en disposer comme il jugeroit à propos, ainsi qu'il fit, & tres-mal : & cette confiance alloit si loin, qu'il ne lui faisoit jamais rendre compte de son administration, n'ayant pas le moindre doute de sa fidelité : aussi, comme c'est l'ordinaire, fut-il averti le dernier de la mauvaise conduite de son Domestique, il ne l'apprit que par le bruit qui s'en répandit au dehors : *diffamatus est : quid hoc audio de te ?* Quelle surprise pour un si bon Maître, de voir une telle perfidie en un homme qui devoit lui être si attaché ? combien de fois se reprocha-t-il sa negligence excessive venir enfin à examiner ſa conduite? Or plus la confiance eſt grande, plus l'infidelité eſt-elle inſupportable. Mais ce méchant ſerviteur étoit encore coupable,

II. *D'Ingratitude :* Ce qui ſans doute rendoit ſon infidelité plus odieuſe : car 1. Il étoit d'autant plus obligé à ſon Maître, qu'il étoit entré dans ſa famille pauvre & dénué de tout : Que ferai-je, diſoit-il, prévoyant que ſon Maître l'alloit chaſſer ? Je ne ſçai point travailler, & je ne puis me reſoudre à mandier mon pain : *Quid faciam ? fodere non valeo, mendicare erubeſco* : il n'avoit ni maiſon, ni heritage où il pût ſe retirer : il ne ſçavoit aucun métier pour gagner ſa vie : quelle obligation ne devoit-il donc pas avoir à ſon Maître, qui l'avoit tiré de la pouſſiere pour l'élever à un emploi ſi utile & ſi honorable ? 2. Il étoit le ſeul Intendant de cet homme riche, *homo erat dives qui habebat villicum* : il n'y en avoit pas pluſieurs, il étoit ſeul maître de tout: nouveau motif d'attachement envers ce Seigneur, de la confiance duquel il abuſoit neanmoins ſi indignement. 3°. Il avoit été apparemment préferé à pluſieurs autres, car on ſçait combien ces charges ſont briguées chez les grands Seigneurs : cependant jamais on ne peut marquer plus d'ingratitude : car non ſeulement il oublia tous ces inſignes bienfaits qu'il avoit reçûs, mais il rendit le mal pour le bien, en quoi conſiſte le dernier degré de méconnoiſſance. Cette perfidie vous fait horreur. Vous dites qu'il faut être Juif pour en uſer ainſi : mais helas ! s'écrie ſaint Jerôme, malheur à nous chez qui les vices Judaïques ont paſſé :

Væ nobis ad quos Phariſæorum vitia tranſierunt ! Car quel eſt aujourd'hui l'Econome qui content de ſes appointemens ſerve ſon Maître ſans ſoüiller ſes mains d'aucun lucre illegitime ? Quel eſt le Tuteur qui ne s'accommode pas du bien de ſon pupille ? l'Adminiſtrateur , le Commis , le Secretaire , le Receveur qui ſe contienne dans les étroites bornes de l'équité ? Oſeroit-on le dire ? quel eſt le Miniſtre des Autels qui ſoit un Econome prudent & fidele du patrimoine de Jeſus-Chriſt , du bien des pauvres , des treſors ſpirituels & temporels de l'Egliſe , qui ne s'arroge point les uns par orgueil , & qui ne s'aproprie point les autres par avarice ? Ne peut on pas en conjecturer le petit nombre par la demande que Jeſus-Chriſt , le vray pere de famille , en fit au Chef de ſon Clergé , lorſqu'à ce ſujet il lui dit : *Quis putas eſt fidelis ſervus & prudens , quem conſtituit Dominus ſuper familiam ſuam , ut det illis tritici menſuram ?* Jeſus-Chriſt exige de ſon Miniſtre qu'il ſoit fidele , afin qu'il ne prenne pas pour luy le bien de ſon Maître : *ne ſcilicet quæ Domini ſunt furetur* , dit ſaint Chryſoſtome : il exige qu'il ſoit prudent , afin qu'il ne diſpenſe qu'à propos le bien de ſon Maître : *ut opportunè diſpenſet* : mais où le trouver , ce Miniſtre prudent & fidele ? *quis putas ?* Fidele pour ne pas tromper , prudent pour ne ſe laiſſer pas tromper : *fidelis ut non fallat : prudens ut non fallatur.* Où trouver un tel Miniſtre , qui loin de faire ſervir le bien commun à ſon propre intereſt , *ad proprios uſus* , faſſe ſervir ſon propre intereſt au bien commun , *ad communem utilitatem* ? La demande de Jeſus-Chriſt à S. Pierre en fait aſſez connoître le petit nombre, & combien un tel homme eſt une choſe rare & precieuſe : *oſtendens rem eſſe raram, & admodum pretioſam* : puiſqu'un tel Miniſtre a merité par avance d'être beatifié dés cette vie par la bouche même du Sauveur : *beatificat enim eum : Beatus, inquit, ſervus ille.* Tout cecy eſt de ſaint Chryſoſtome.

Que ſi l'Econome de nôtre Evangile étoit coupable d'infidelité & d'ingratitude, il ne l'étoit pas moins,

III. *De prodigalité*, comme il n'arrive que trop dans ces ſortes de gens, à qui le bien ne coûte rien, & qui ne dépenſant que le bien d'autrui ſont vicieux & dereglez : c'étoit un diſſipateur, dit le texte ſacré : *quaſi diſſipaſſet bona ipſius* : Il diſſipoit, non ſon propre bien, ce qui même auroit été une profuſion blâmable : mais le bien de ſon Maître, *domini ſui* ; ce qui étoit un vol puniſſable : mais à quoi le diſſipoit-il ? faut-il le demander ? n'eſt-ce pas le jeu, la bonne chere, les habits & les meubles ſomptueux, les ſpectacles, les débauches de vin, de femmes, de toutes ſortes de convoitiſes, ſouvent cachées, quelquefois publiques, qui comme des ſangſuës inſatiables abſorbent tout ? Je regarde, dit le Sage, l'avarice, & l'amour des voluptez, comme deux ſangſuës alterées, dont rien ne peut étancher la ſoif, & qui ſont toûjours tourmentées par de nouveaux deſirs : *Sanguiſugæ duæ ſunt filiæ dicentes, affer, affer.* Car comment auroit-il diſſipé autrement tant de bien ? & pourquoi s'en étonner ? ne voit-on pas tous les jours la même choſe ? où trouve-t-on le luxe, les riches meubles, les magnifiques équipages, en un mot l'abondance & la ſuperfluité, que chez ceux qui manient le bien d'autrui, les deniers publics? Le Maître souvent dans la disette, se retranche: l'Intendant dans l'opulence ne se refuse rien : le Maître sans argent, manque du necessaire, il ne sçait par où pourvoir aux besoins de sa famille : l'Econome abonde en argent, en superfluitez, en commoditez domestiques : mais voicy quelque chose de plus surprenant : le Maître devient debiteur, & l'Intendant creancier : le Maître n'ose pas dire à son Intendant, rendez compte de vôtre administration : *redde rationem villicationis tuæ* : sçachant bien que son Econome lui fera voir qu'il luy est redevable de diverses grandes sommes : c'est l'Econome qui presse le Maître de venir à compte : qui souffre, dit-il, de ce retardement, & qui veut être rembourssé de ses avances. Il n'avoit rien quand il entra il y a peu d'années dans son Economat, comment donc peut-il avoir eu de quoi prêter à son Maître? N'en soyez pas surpris : le Maître n'a aucune connoissance de ses affaires, il n'a ni titres, ni papiers, il renvoye tout à son Intendant : & l'Intendant a tout entre les mains, & garde tout, *villas*, *litteras*, *cautiones*, *bona* : ce sont les paroles de nôtre Evangile : il sçait le dénoüement de tout, il cache tout, & dérobe la connoissance des affaires à son Maître negligent & paresseux, pour luy dérober plus seurement son bien.

Cela ne se pouvoit faire sans causer du murmure & du bruit, sans faire quelque éclat : cet Econome étoit perdu d'honneur & de réputation dans l'esprit de bien des gens, qui le regardoient comme un voleur domestique : il étoit donc encore coupable,

IV. *De scandale*, c'est pourquoi le texte sacré dit que c'étoit une diffamation publique : *diffamatus est* : que personne n'ignoroit ses malversations, & la dissipation étrange qu'il faisoit du bien de son Maître : *quasi dissipasset bona ipsius* : les complices de ses débauches étoient connus: on publioit cela par tout: Où est-ce que cét Intendant prend de l'argent, disoit-on, pour fournir à tant de dépenses ? il n'a aucun bien de lui-même : il ne lui est arrivé aucune succession ni heritage : il ne fait aucun trafic ou commerce : il n'avoit rien quand il est entré dans cette maison il y a peu : il faut qu'il vole son Maître. C'est un oracle de la Sagesse, que celuy qui tout d'un coup devient riche, ne le peut devenir par des voyes honnestes : *qui autem festinat ditari, non erit innocens* : les dépenses necessaires sont frequentes : les charges publiques, grandes : les gains legitimes, médiocres : les pertes, journalieres : les devoirs ausquels on est tenu par justice, par charité, par office, par religion, nombreux. Comment donc peut-on devenir riche en si peu de temps ? Le monde en étoit scandalisé : les creanciers, les Marchands, les Ouvriers, les Domestiques, tous ces gens-là apparemment mal payez, crioient contre ce malheureux homme, ils le scandalisoient. Le Maître étoit blâmé, & la mauvaise conduite du serviteur réjallissoit sur lui : ses enfans peut-être, ses parens, ses heritiers, ses amis murmuroient contre le Pere de famille. Car on juge du Maître par le Valet. On se scandalisoit de ce qu'il abandonnoit le soin de tout son bien à un dissipateur, & qu'il le toleroit dans ses débauches, n'étant pas posſible qu'il les ignorât : Tous ces bruits vinrent enfin aux oreilles du Maître, il en fut ſurpris au dernier point, il fit venir cet Intendant devant lui, & lui dit : Qu'eſt ce que j'entends dire de vous ? *Quid hoc audio de te* ? rendez compte de vôtre adminiſtration, *redde rationem villicationis tuæ* : Vous avez diſſipé mes revenus, ruiné mes affaires, vous ne vous en mêlerez pas davantage : vos comptes rendus, prenez le parti de vous retirer hors de chez moy, vous ne rentrerez jamais dans vôtre emploi : *jam enim non poteris villicare.* Etonnez-vous icy de l'excés,

v. *D'imprudence*, ou plûtôt de l'extrême ſtupidité de ce méchant ſerviteur : il avoit touché pendant plusieurs années les grands biens de ſon Maître, ou plûtôt il ſe les étoit tres-injuſtement appropriez : & il ſemble que le même amour vicieux & dereglé de ſoy-même, qui lui avoit ſuggeré de prendre ce qui ne lui appartenoit pas, devoit naturellement l'avoir porté à mettre en reſerve, & à ſe faire un fond, tant de ſes gages, ou émolumens qui lui revenoient de ſon emploi, que de l'argent qu'il prenoit ſi mal à propos & à pleines mains, à ce riche pere de famille, ſans parler de mille autres preſens & profits, qui ne ſont que trop ordinaires à ces gens-là : cependant il avoit tout dévoré, tout diſſipé, & ce qui lui appartenoit, & ce qui ne lui appartenoit pas, enſorte qu'il ſe trouvoit ſans avoir rien du tout : Que ferai-je ? diſoit-il, je ne puis vivre à moins que d'aller ou labourer la terre, ou mandier mon pain. *Fodere non valeo, mendicare erubeſco.* L'un & l'autre m'eſt impoſſible. Que feray-je donc ? *Quid fa-*

ciam ? Cet homme imprudent n'avoit jamais fait reflexion que ſes malverſations pourroient être découvertes ; qu'il pourroit perdre ſon emploi ; être chaſſé de la maiſon du Pere de famille ; tomber en des maladies & infirmitez, qui le rendroient incapable d'agir ; enfin la vieilleſſe, les accidens ſans nonbre dont cette vie eſt pleine, n'avoient pû lui faire naître la penſée de mettre de l'argent à couvert pour les jours mauvais : injuſte à prendre, prodigue à dépenſer, il diſſipoit tout à meſure qu'il l'avoit : peut-on être frappé d'un plus étrange aveuglement ? Ah ! combien la fourmi, le plus petit des animaux, eſt-elle plus aviſée, dit le Sage ! elle fait ſa proviſion de bled pendant la belle ſaiſon de l'été, afin d'avoir de quoy ſe nourrir pendant les rigueurs de l'hyver : *parat in æſtate cibum ſibi, & congregat in meſſe quod comedat.* D'ailleurs, s'il étoit ſi avide du gain, que ne pouvoit-il pas eſperer d'un Maître riche & reconnoiſſant, capable de faire la fortune d'un ſerviteur laborieux & fidele, s'il eût voulu l'être ? & au contraire ſes larcins & ſes dereglemens ſcandaleux ne devoient-ils pas lui faire craindre les châtimens dûs à ſes excés : la haine publique, la priſon, la gehene, le ſupplice, il ne ſongea à rien de tout cela, imprudent, aveugle, inſenſé. O Seigneur, s'écrie ſaint Auguſtin, que vôtre conduite eſt profonde ! & que les loix immuables & conſtantes de vôtre juſtice, qui ne ceſſent point de répandre des tenebres ſur les paſſions dereglées des hommes, ſont impenetrables ! *Quàm tu ſecretus es habitans in excelſis, in ſilentio, Deus ſolus magnus, lege infatigabili ſpargens pœnales cæcitates ſuper illicitas cupiditates!* De là nâquirent,

VI. *Les Angoiſſes* lamentables où ce malheureux ſerviteur tomba. Le Maître donc revenu à lui comme d'un ſommeil profond, bien informé des diſſipations de ſon Domeſtique, le fait appeller & lui dit : Qu'eſt-ce que j'entends dire de vous? *Quid hoc audio de te?* Rendez compte de vôtre adminiſtration : *redde rationem villicationis tuæ* : car vous ne gouvernerez plus mon bien ni mes affaires : *jam enim non poteris villicare.* Voilà ce méchant ſerviteur déſolé. Suivons-le dans ſes routes, & voyons les triſtes extrémitez où le peché reduit un homme, quand il eſt abandonné de Dieu, & livré à ſa malice : à quoi ſe reſoudra-t-il? il cherche quelque remede à ſa douleur : que ferai-je, diſoit-il en lui-même : *quid faciam?* à qui aurai-je recours dans l'accablement où je ſuis? implorer le ſecours des complices de ſes débauches, pour trouver auprés d'eux quelque remede à ſes maux, il n'y penſe ſeulement pas. Les pecheurs en quelque ſocieté de crimes qu'ils ſoient enſemble, ſe mépriſent dans le fonds de l'ame, ils ſe haïſſent & ſe tournent le dos au temps de l'affliction : ainſi Judas dans ſon deſeſpoir s'adreſſa inutilement aux Prêtres, & leur dit en jettant leur argent par terre : J'ai peché en trahiſſant le ſang innocent : il n'eut d'autre réponſe d'eux que celle-cy : C'eſt vôtre affaire, ce n'eſt pas la nôtre : *Quid ad nos? tu videris.* Aura-t-il recours à Dieu dans ſon affliction? il ſent bien qu'il ne merite pas d'être écouté. Il n'appartient qu'au juſte de dire : Lorſque j'étois dans la tribulation j'ai crié au Seigneur, & il m'a exaucé : *Ad Dominum*

minum cùm tribularer clamavi, & exaudivit me. Que ferai-je donc, dit-il? *Quid faciam?* Il se consulte, dit saint Basile, afin qu'on voye qu'il ne fait rien que de propos deliberé, & qu'il sera sans excuse s'il peche : *Permissum illi est consultandi & deliberandi, ut competentem suo proposito sententiam accipiat.* Il se parle en secret & interieurement, on luy répondra de même : *Clam loqueris tecum, clam respondetur tibi*, continuë le même Pere : il demande ce qu'il fera : *quid faciam?* Il faut lui répondre : Comment, ce que vous ferez? On va vous le dire: *parata tibi responsio* : Vous ferez penitence de vos injustices, de vos larcins, de vos débauches : vous irez vous jetter aux pieds de ce bon Maître que vous avez si mal servi : & la larme à l'œil vous lui demanderez pardon : *quid faciam?* ce que vous ferez : vous restituërez le bien d'autrui que vous avez pris : vous reparerez le scandale que vous avez causé : vous gemirez le reste de vôtre vie de tant de crimes que vous avez commis. Vous repasserez vos années dans l'amertume de vôtre cœur. Que deliberez-vous davantage? Vous vous prosternerez devant Dieu, & vous lui direz avec l'enfant prodigue : Mon pere, j'ai peché contre le Cie & devant vous, je ne suis pas digne d'être appellé vôtre enfant : *Pater, peccavi in cælum & coram te, jam non sum dignus vocari filius tuus.* Vous lui direz avec le Prophete: Pardonnez moy mes pechez, Seigneur, parce qu'ils sont grands : *Propitiaberis peccato meo, multum est enim.* Vous lui direz avec Zachée : Seigneur, je veux reparer au quadruple le tort que j'ai fait au prochain : *Si quem defraudavi, reddo quadruplum.* Si vous ne pouvez pas donner d'argent, vous verſerez des larmes. Vous rentrerez par eſprit de penitence dans la miſere de vôtre premiere condition, d'où vôtre ambition vous avoit fait ſortir, & vous la ſupporterez humblement. Heureux ſi par de tels ſacrifices vous pouvez appaiſer la juſtice humaine & divine que vous avez irritées. Voilà ce que vous devez faire. Mais rien de tout cela ne l'occupe : cet homme terreſtre ne ſonge qu'à la terre, il ne ſonge qu'à ſe procurer une vie temporelle, ſans penſer à la vie éternelle. Il ne craint qu'une pauvreté honteuſe, & nullement une éternité malheureuſe. *Ait autem villicus intra ſe :* Il diſoit donc en lui-même : Ah, quel aveuglement ! s'écrie ſaint Baſile, il ne conſulte que lui-même & ſa propre cupidité : quelle bonne reſolution en peut-on attendre ? les conſeils que prennent les méchans en eux-mêmes ne ſont-ils pas ordinairement déteſtables ? L'inſenſé, qui n'écoute ni la foy, ni la raiſon, ne dit-il pas en lui-même qu'il n'y a point de Dieu ? *Dixit inſipiens in corde ſuo, non eſt Deus.* Le ſenſuel qui veut ſe livrer ſans remords au vice, ne dit-il pas en lui-même que le Seigneur ne le punira pas ? *Dixit enim in corde ſuo, non requiret.* L'impie qui voit le pecheur dans la proſperité, & le juſte dans la ſouffrance, ne dit-il pas en lui-même, qu'il n'y a point de providence ? *Et dixerunt : Quomodo ſcit Deus, & ſi eſt ſcientia in excelſis ?* Nôtre infidele Econome ſemblable à ces ſortes de pecheurs, ne conſulte que lui-même, ainſi n'en attendons rien de bon : *Ait autem intra ſe Villicus : Quid faciam ?* Voilà ſon conſeiller. *Quia Dominus meus aufert à me villicationem.* Voilà ſa perplexité. Il raiſonne en lui-même. *Fodere non valeo, mendicare erubesco.* Que ferai-je? *Quid faciam?* Voicy ce que je ferai, voicy le parti que je vas prendre pour me tirer d'affaire: *Scio quid faciam*: j'ai entre mes mains les titres & les papiers de mon Maître: j'irai trouver ses debiteurs, & je dirai à chacun d'eux: Combien devez-vous à mon Maître? Cent mesures d'huile: falsifions le contrat, & n'en écrivons que cinquante. Et vous, que devez-vous? Cent mesures de froment: écrivez quatre-vingt. C'est ce qu'il fit aux debiteurs de ce pere de famille: *Convocatis itaque singulis debitoribus domini sui, dicebat primo: Quantum debes domino meo? At ille dixit centum cados olei: dixitque illi: Accipe cautionem tuam; & sede citò, scribe quinquaginta. Deinde alii dixit: Tu verò quantum debes? qui ait: Centum coros tritici. Ait illi: Accipe litteras tuas, & scribe octoginta.* Aprés leur avoir rendu de si bons offices, disoit-il en lui-même, j'espere, si mon Maître me chasse de chez lui, qu'ils me recevront chez eux. Tel est l'azile qu'il se veut procurer, une maison terrestre, & pour les tabernacles éternels, il ne s'en met pas en peine, ou il ne les croit pas, ou il ne les espere plus.

Ne fut-ce pas aussi le langage de cet autre insensé qui disoit dans l'Evangile: J'ai cette année la plus belle recolte du monde: mes terres ne m'ont jamais produit tant de fruits. Mes richesses sont immenses. *Hominis cujusdam divitis uberes fructus ager attulit.* S'entretenant là-dessus en lui-même, il disoit: *Quid faciam?* Que ferai-je? *& cogitabat intra se dicens*: O malheur! il ne consulte que lui même, & sa propre cupidité, dit encore une fois saint Basile: quelle bonne resolution peut-on en attendre ? *Ex teipso capis consilium : planè imprudenti uteris consiliario.* Que ferai-je de tant de bien, disoit-il en lui-même ? & il se le disoit à lui seul, *intra se* : car l'avare ne confieroit pas la connoissance de son tresor à quelque ami qu'il eût au monde. D'ailleurs voyez sa disette au milieu de son abondance : il a du bled, mais il n'a pas de greniers : *non habeo* : Vous avez, dit saint Augustin, & vous voulez avoir : *& habes, & concupiscis* : Vous buvez, & vous avez soif : *& plenus es, & sitis* : c'est être dans l'indigence, & non dans l'opulence : *morbus est, non opulentia* : vous ne possedez pas, vous êtes possedé : *possessus es, non possessor.* Voyez enfin son imprudence, il n'a pas fait encore sa recolte, & il veut bâtir des greniers, sans songer que mille divers accidens lui peuvent ravir ses fruits avant qu'ils soient recueillis. *Quot sunt periculis obnoxiæ fruges antequam domum comportentur ?* Il n'avoit encore que ses fruits en idée, & il n'en destinoit aucune portion aux pauvres, *nondum habebat fructus, & illos jam egenis invidedat* : le pauvre ne paroissoit pas encore : & son inhumanité paroissoit déja : *nondum advenit inops supplicaturus, & jam declarat feritatem* : le Seigneur faisoit découler sa pluye sur une terre cultivée par une main avare, il faisoit reluire son soleil sur l'heritage de celuy qui ne vouloit pas faire reluire sa misericorde sur l'indigent, l'heritage d'un impie devenoit fertile, & son cœur n'en devenoit que plus ingrat au prochain, *hujus divitis terræ per manus avaras cultæ, Deus imbres tribuit ac solem, hominis verò hujus mores inhumani, nulla in proximum liberalis collatio, abundavit ager hominis nihil* *boni ex copia facturi : hæc miser benefactori rependit, &c.* Tout cecy est de saint Basile. Cependant nôtre mauvais riche va s'engager dans des travaux infinis, démolir, & édifier : déplorable occupation ! ne songeant point que nous n'avons pas icy de cité permanente. Ce que vous ferez de tant de fruits ? y a-t-il à déliberer ? Vous ferez des aumônes, vous en donnerez à ceux qui n'en ont pas : vous soulagerez la veuve & l'orphelin : vous vous amasserez des trésors que la roüille, la teigne, ni le temps n'altereront jamais. Vous procurerez le salut de vôtre ame. Vous dispenserez tous ces biens superflus pour en obtenir un seul necessaire, une vie sainte, une mort heureuse, un jugement favorable, une recompense éternelle. Pourquoy donc tant déliberer ? pourquoy dire si long-temps au dedans de vous-mesme : Que ferai-je ? *Quid faciam* ? Admirez icy les perplexitez d'un avare, dit saint Basile : ses richesses luy produisent, non du repos, mais des gemissemens semblables à ceux du pauvre. En effet leur langage est le même : Que ferai-je, dit l'indigent ? où trouverai-je des vêtemens pour me couvrir, des alimens pour me nourrir ? n'est-ce pas icy la même inquietude ? *Non producit diviti terra proventus, sed gemitus : cujusmodi solet qui angustiâ pressus, mendicat dicens : quid faciam ? unde mihi alimenta ? unde vestimenta ?* Que ferai-je, dit ce riche ? Ce que vous ferez, continuë le même Pere : *Quid faciam ?* La réponse est toute prête, *parata tibi responsio.* Vous rendrez graces à Dieu de tant de biens dont il vous a comblé. Vous imiterez le saint Patriarche Joseph : vous ouvrirez vos greniers aux malheureux :

vous ferez publier par tout que les fameliques ayent à vous venir trouver : *Esurientium animas replebo : imitabor Joseph : aperiam horrea mea, omnes vocabo indigentes : vocem emittam magnificam : Quicunque indigetis panibus, venite ad me.* Toutes ces reflexions sont de saint Basile ; car aussi bien, ajoûte saint Ambroise : que sert d'amasser des richesses sur la terre, puisqu'il faut les laisser sur la terre ? *divitiæ hîc acquiruntur, hîc relinquuntur.*

Cet homme riche étoit agité de mouvemens bien autres. Je sçai ce que je ferai, disoit-il : Je détruirai mes greniers, ils sont trop petits, & j'en construirai de plus vastes pour y resserrer mes grains : & je me dirai à moi-même : O mon ame ! voilà des biens amassez pour grand nombre d'années : repose-toy donc à present, mange, bois, fais bonne chere : *requiesce, comede, bibe, epulare.* Remarquez chaque parole de cet avare, & apprenez que si s'attacher aux richesses c'est être insensé, s'en détacher c'est être sage.

1. Je détruirai mes greniers, *destruam horrea mea :* Vous dites que vous détruirez vos greniers, continuë saint Basile : vous ferez parfaitement bien, ce sont des édifices d'iniquité qui meritent d'être démolis : *isti dico : benè facis, nam iniquitatis horrea procul dubio digna sunt quæ destruantur.* En effet jamais le pauvre n'est revenu de ces malheureux greniers, chargé du bled de vos aumônes : *rectè destruis horrea à quibus nullus pauper onustus venit*, dit saint Ambroise. 2. Mais, ajoûte cet avare, c'est pour en bâtir de plus grands : *majora faciam :* car ma convoitise est infiniment plus vaste que tous mes greniers : *& majora faciam : nam si deest*

locus congregandis divitiis, ſed non deeſt cor : Mes greniers ſurchargez ne peuvent pas ſupporter le poids de mes bleds : mais mon cœur n'en eſt pas fatigué : *horrea multitudine fructuum gravata dirumpebantur, cor autem ejus minimè exſaturatum eſt.* Vous ferez de plus grands greniers : quelle folie de bâtir, de démolir, & de rebâtir ſans ceſſe ! *quid ſtultius quàm ædificare, tum dimoliri, denique rurſum ædificare.* Ceux qui vous ont devancé vous ont laiſſé leurs maiſons ; vous laiſſerez les vôtres à ceux qui vous ſuccederont : c'eſt un paſſant qui cede la place à d'autres paſſans : *tranſiturus tranſituris*, dit ſaint Auguſtin. C'eſt ainſi que la fertilité rendoit ce riche, indigent ; *ipſa fertilitate miſer.* Et je dirai à mon ame : *& dicam animæ meæ.* Conſiderez l'égarement de cet homme : il ſe parle à lui-même, comme s'il parloit à un tiers ; la convoitiſe multipliant l'avare, & d'un, en faiſant pluſieurs, un homme ſeul ne lui ſuffiſant pas. O mon ame, tu as beaucoup de biens amaſſez pour pluſieurs années : *Anima, habes multa bona poſita in annos plurimos :* quelle erreur ! il appelle les richeſſes, des biens, & des biens dont ſon ame peut ſe repaître ! *Animam Deo capacem quicquid minus Deo eſt, occupare poteſt, ſatiare non poteſt.* Il croit la rendre heureuſe pour quelques années, *in annos plurimos*, elle qu'un bonheur éternel peut ſeul contenter, & non quelques richeſſes temporelles & periſſables. Que d'aveuglement ! il conſtruit des greniers pour reſſerrer des fruits qui ne viennent que de naître : *quę nata ſunt mihi :* & que mille accidens peuvent lui ravir avant la moiſſon. Il promet pluſieurs années à ſon ame, & il n'a pas une heure en son pouvoir : il se flate d'un repos assuré, *requiesce*, & les richesses ne sont qu'un amas d'épines, de chagrins, d'inquietudes, de douleurs, d'amertumes & de soins. Et il dit à son ame : Repose-toy, mon ame : mange, bois, fais bonne chere : *Requiesce, comede, bibe, epulare :* Est-ce là le paradis d'une ame, ou d'une brute ? Qui pourroit souffrir ce langage ? il veut procurer à son ame du repos dans la possession d'un bien temporel, elle qui n'en sçauroit trouver que dans la possession d'un bien increé. *Fecisti nos ad te, Domine, & inquietum est cor nostrum, donec requiescat in te : versa & reversa in tergum, & in ventrem, & in latera, & dura sunt omnia, & tu solus requies*; c'est saint Augustin. Il veut nourrir son ame d'un froment propre à nourrir les bêtes, elle qui doit se nourrir du pain des Anges : il veut la desalterer dans les eaux bourbeuses de l'Egypte, elle qui ne peut étancher sa soif que dans ce torrent de volupté qu'on lui a promis : il veut lui faire un festin de viandes corruptibles en ce monde, elle qui doit s'asseoir en l'autre à la table du Seigneur, & se nourrir du Seigneur même. *Itane bonorum animæ ignarus, eam ut exsatures carnalibus epulis ?* dit saint Basile ; & pour les pauvres, continuë ce Pere, ils n'auront pas plus de part aux seconds & plus amples greniers qui vont être construits, qu'ils en avoient eu aux premiers qui vont être détruits ; car il ne dit point : *dispertibor egenis cùm horrea secunda explevero :* il ne se souvient point de la nature qui lui est commune avec le pauvre, *non meminit communis naturę :* il oublie le precepte de partager son pain avec le famelique, *nec ullam*

ullam inhibat rationem hujus precepti, frange esurienti panem tuum. O riche insensé, lui dit le Seigneur, cette nuit même on vous redemande vôtre ame : & pour qui sera ce que vous avez amassé ? *Stulte, hac nocte repetunt animam tuam à te, quæ autem parasti cujus erunt?* Il faloit donc avec cet amas de bled, faire un amas d'années que nuls greniers ne peuvent renfermer. *Opes congregas in annos plurimos, & annos polliceris tibi, quos nulla concludunt horrea.* Que sont devenuës ces longues années qu'il promettoit à son ame ? Où sont allez ces biens qu'il projettoit d'amasser.

Combien le saint homme Job étoit-il éloigné de ces pensées terrestres, quand effrayé de la rigueur des jugemens de Dieu, il s'écrioit : *Quid faciam ?* Que ferai-je ? quand le Seigneur viendra pour juger la terre, & quand il m'interrogera, que lui répondrai je ? *Quid faciam cùm surrexerit ad judicandum Deus, & cùm quæsierit, quid respondebo illi ?*

Combien ce jeune Prince de l'Evangile étoit-il aussi émû d'un plus noble sentiment, lorsque le genou en terre devant le Sauveur, il lui disoit dans un saint transport : *Magister bone*, divin Docteur, qui nous annoncez des veritez si admirables, que ferai-je ? *quid faciam ?* que ferai-je pour avoir cette vie éternelle dont vous nous parlez tant ? *Magister bone, quid faciam ut vitam æternam percipiam ?* Nôtre Econome infidele a bien d'autres inquietudes, aussi bien que ses semblables, quand ils se voyent sur le point de perdre leur bien mal acquis. Que ferai-je, disoit celui cy ? *quid faciam ?* quoi me dépouiller de ces richesses, de ces maisons, de ces terres, de ces dignitez, revenir á ma premiere pauvreté, me voir reduit à gagner ma vie à la sueur de mon front, ou à demander l'aumône ? Je ne puis m'y resoudre. Je n'y suis pas obligé. Je trouverai des Docteurs plus condescendans, qui ne porteront pas les choses à cette rigueur : & contre la maxime reçûë : *Non remittitur peccatum, nisi restituatur ablatum* : Je pourrai bien me sauver avec le bien d'autruy. Que de cupiditez défenduës, mais que de tenebres répanduës, s'il est permis de s'exprimer ainsi avec saint Augustin : *spargens pœnales cęcitates super illicitas cupiditates!* C'est de cette sorte que nôtre Econome dissipa les revenus du pere de famille tandis qu'il les gouverna, & qu'il en aliena les fonds quand il en quitta l'administration ; semblable à ce terrible guerrier de l'Ecriture, qui fit encore plus de mal en mourant, qu'il n'en avoit fait pendant sa vie ; il devint plus nuisible à son Maitre quand il se retira du gouvernement de son bien, que quand il le dissipoit. Peut-on voir rien de plus méchant.

Mais si le serviteur est criminel, le pere de famille sera-t-il excusable ? car que dire de *son excessive facilité*, d'abandonner ainsi sa recette generale entre les mains d'un homme dont il connoissoit si peu la probité ? *de sa paresse* à ne lui faire pas rendre compte ? *de sa negligence* à ne pas garder lui-même ses contrats & ses titres ? *de sa nonchalance* à ne pas gouverner par lui-même son bien ? *de son épanchement* dans les divertissemens du monde, qui le dégoûtoient apparemment de ses propres affaires ? *de son peu de vigilance* sur ses Domestiques, qui le voloient au ſçû du public, tandis qu'il l'ignoroit? Enfin ne fut-il pas la cauſe de la perte de ſon malheureux Econome, pour l'avoir laiſſé en proye à des occaſions ſi délicates, & à des tentations ſi dangereuſes.

Au reſte qui ne voit dans la parabole de ce Receveur infidele, l'image du Chrétien à qui le Seigneur a confié l'adminiſtration d'un nombre infini de biens ſpirituels & temporels, & de moyens de ſalut qu'il lui a liberalement départis, & dont il a dû faire un ſaint uſage, & neanmoins dont il a malheureuſement abuſé? Que répondra-t-il quand à l'heure de la mort le Pere de famille juſtement indigné lui dira ces formidables paroles : *redde rationem villicationis tuæ, jam enim non poteris villicare?* rendez compte de vôtre conduite : reddition de compte d'autant plus exacte & ſevere pardeſſus celle que rend aujourd'hui nôtre Econome, qu'il s'y agit de la mauvaiſe diſpenſation des biens ſpirituels & éternels, incomparablement plus precieux que ne le ſont les biens corruptibles & temporels, & dont la diſſipation lui attirera des châtimens effroyables, parce qu'elles le rendront tout autrement coupable des crimes rapportez cy-deſſus.

1. *D'infidelité*, pour avoir abuſé de tant de graces actuelles, de lumieres, de pieux mouvemens, de bons deſirs, de puiſſans ſecours interieurs & exterieurs, de dons & de talens qu'il devoit conſiderer comme des eſpeces de revenus, & de fruits du ſacré terroir que le Seigneur lui avoit donné à cultiver : & de plus pour avoir encore aliené le fonds même de ſon patrimoine,

ayant rejetté de lui la grace, la pieté, la foy, la religion, comme il n'arrive que trop ſouvent : enſorte qu'il eſt en tout ſemblable à l'enfant prodigue, qui diſſipa juſqu'à ſa propre ſubſtance : *diſſipavit ſubſtantiam ſuam vivendo luxurioſè.*

2. *D'ingratitude* : car ce riche Pere de famille l'ayant tiré de la pauvreté ſpirituelle par un mouvement d'une charité purement gratuite, & ſans aucun merite de la part de ce ſerviteur infidele, qu'il avoit préferé à d'autres, & l'ayant prépoſé au gouvernement de ſes biens, n'eſt-il pas vray que s'il a trahi enſuite un tel Maître ſi bon & ſi liberal, il a ajoûté à l'infidelité une ingratitude inſupportable ?

3. *De prodigalité*, d'avoir conſumé, & pour ainſi dire, dévoré un ſi riche patrimoine, ſçavoir les biens de la nature, de la fortune, de la grace & de la gloire, dont il n'étoit que l'adminiſtrateur, & non le proprietaire : & d'avoir donné tous ces grands & ineſtimables treſors pour un ſordide intereſt, pour un plaiſir paſſager, pour une fumée d'ambition : *aſcendentem, tumeſcentem, vaneſcentem*, dit ſaint Auguſtin : homme malheureux, de s'être vendu lui-même, & de s'être livré pour le prix du monde le plus modique & le plus vil ! *Vendidit ſe homo per liberum arbitrium, & accepit pretium exiguum de arbore vetita voluptatem* : peut-on être plus prodigue, & ſe donner à meilleur marché ?

4. *De ſcandale* : car une telle diſſipation de biens ſpirituels ne ſe peut faire ſans donner une tres-mauvaiſe édification au public : quoy, dira-t-on, Dieu vous a-t-il prévenu de ſes benedictions & de ſes mi-

ſericordes ; Dieu vous a-t-il orné de tant de belles qualitez pour les faire ſervir au vice & à la débauche ? Quel mauvais exemple donnez-vous aux autres à qui vous ſervez d'un piege dangereux , que vous attirez aprés vous dans le libertinage, *diffamatus eſt* , & que vous rendez complices de la même diſſipation ?

5. D'ailleurs, quelle *imprudence* eſt la ſienne , de ne pas voir qu'en diſſipant le bien de ſon Maître, il diſſipe le ſien propre ; de ne ſe pas préparer au compte rigoureux qu'il en faudra rendre ; de préferer la terre au ciel , le temps à l'éternité , l'enfer au paradis, le vice à la vertu ; de ne pas ſonger à ſe procurer des amis qui le reçoivent dans leurs tabernacles éternels , quand il ceſſera d'habiter ces tabernacles terreſtres ?

6. Enfin quelles ſeront *les angoiſſes* de ce diſſipateur , lors qu'aux approches de ce Pere de famille ſi juſtement irrité , & ne ſçachant comment éviter une diſcuſſion ſi terrible, il cherchera inutilement les antres les plus obſcurs pour ſe dérober à cet examen , & s'écriera dans ſon deſeſpoir avec ſes ſemblables : O montagnes , ô rochers tombez ſur nous , & cachez-nous à la recherche qu'on veut faire de nôtre vie ? *Et dicunt montibus & petris : cadite ſuper nos , & abſcondite nos à facie ſedentis ſuper thronum.*

Mais en attendant ces angoiſſes éternelles , l'impie diſſipateur ne laiſſe pas de ſentir dés ce monde d'étranges angoiſſes temporelles. Il eſt vray que parmi les adverſitez de cette vie, communes aux bons & aux mauvais , le juſte a ſes angoiſſes de même que le pecheur , mais leurs diſpoſitions ſont bien differentes :

Ecoutons ſaint Auguſtin conſolant l'homme de bien affligé : Si vous avez perdu des biens temporels, vous n'avez pas perdu le bienfaicteur qui vous les avoit donnez, qui vous les a ôtez, & qui peut vous les rendre : *ſi bona terrena perdideris, adeſt conſolator qui abſtulit* : vous avez perdu les dons de Dieu, mais vous n'avez pas perdu le Dieu des dons : *quod Dei eſt amittis, ſed Deum tenes* : vous n'avez plus ce qui vous avoit été donné, mais vous avez encore celui qui vous avoit tout donné : *ſubſtraxit data, ſed non ſubſtraxit datorem*. On vous a ôté des richeſſes que vous fouliez aux pieds, & non des appuis ſur leſquels vous vous repoſaſſiez : *ſubſtractum eſt quod calcabas, ſed non cui incumbebas*. On a emporté l'argent de vôtre coffre, mais on n'a pas ôté la foy de vôtre cœur : *arca exinanita eſt auro, cor plenum eſt fide*. Si l'on regarde le dehors, vous êtes pauvre : ſi l'on regarde au dedans, vous êtes riche : *foris pauper es, ſed intus dives es*. Ne conſiderez pas le vuide de vôtre coffre, conſiderez la plenitude de vôtre bonne conſcience : *reſpicis arcam inanem, conſcientiam Deo plenam reſpice*. Vous n'avez plus l'or de la cupidité, mais vous avez la perle de la charité : *non habes extrinſecus facultatem, ſed habes intrinſecus charitatem*. Un tel treſor ne craint ni voleur ni naufrage : *ad theſaurum tuum amittendum, nec latro admittitur, nec naufragium timetur* : Et vous ne perdriez pas de telles richeſſes, quand même vous ſortiriez de la mer, nud, & dépoüillé de tout : *divitias tecum portas, quas non amitteres etiamſi de naufragio nudus exires*. Qu'heureux eſt celui qui eſt ainſi miſerable ! *felix eſt qui ſic miſer eſt*.

Tel eſt l'état de l'homme de bien dans les afflictions temporelles. Voicy l'état du méchant, tel que nôtre Econome infidele d'aujourd'huy, ſelon le même ſaint Auguſtin, écoutons encore ſes paroles: Lors qu'un amateur du monde a perdu ſon bien: *homini mundano cùm damnum accidit*: ſa maiſon n'eſt plus remplie, & ſon cœur eſt encore plus vuide: *inanis eſt domus, inanior conſcientia.* Il n'a plu rien à l'exterieur pour s'appuyer, il n'a rien dans ſon interieur pour ſe repoſer: *non habet foris quod teneat, non habet intus ubi requieſcat.* Il ne trouve au dehors de lui qu'affliction, il ne trouve au dedans de lui que deſolation: *non eſt quò exeat, quia dura ſunt: non eſt quò intret, quia mala ſunt.* On lui a ravi tous ſes riches effets, & il ne trouve chez lui que de ſteriles regrets: *foris nihil habet, ablata ſunt omnia, in corde nullum ſolatium eſt.* Il pourroit fuir un ennemi, mais il ſe porte partout luy-même: *fugit ab inimico quò potuerit: à ſe quò fugiet?* Au dehors la tribulation le ſerre, au dedans la conſcience le tourmente: *foris patitur tribulationes, intus conſcientia illum non conſolatur.* L'éclat de ſa fortune a diſparu, la ſeule noirceur de ſes crimes qui le rendent affreux à ſes propres yeux, lui eſt demeurée. *Aufertur quod nitebat foris, nihil remanet intus niſi fumus malæ conſcientiæ.* Il n'a pas où aller hors de lui, &, ô malheur! il ne peut demeurer en lui, *non habet quo foras exeat, non habet quò intrò redeat.* Il ſe voit dépoüillé de la proſperité, & il ne ſe trouve pas revêtu de la ſainteté: *deſertus pompâ ſæculari, inanis gratiâ ſpirituali.* Voilà le double portrait que ſaint Auguſtin nous a donné de l'homme de bien, & du pecheur au temps de leur tribulation.

Pour nous ôter un objet si triste de devant les yeux, que celuy de cet Econome infidele, & pour nous édifier d'un exemple bien different : écoutons une histoire dont saint Augustin a été le témoin, & qu'il rapporte en ces termes : Je veux raconter, dit ce saint Docteur, ce qui arriva à Milan lorsque j'y étois : Un homme tres-pauvre, *pauperrimus homo*, mais tres-vertueux, *sed planè Christianus*, & si pauvre, qu'il étoit le valet d'un Grammairien ou Maître d'école Payen ; trouva par hazard une bourse de deux cens pieces d'or environ, ce me semble : comme il craignoit plus le Seigneur, qu'il n'aimoit l'argent, il afficha un écriteau dans les ruës portant que si quelqu'un avoit perdu de l'argent, on pouvoit s'addresser à lui, mettant son nom & son adresse. Celui qui avoit perdu cette somme, & qui inquiet & transporté couroit de tous côtez, jette les yeux sur l'écriteau, & vint aussi-tôt trouver ce pauvre homme. Celui-cy s'informa de la quantité & de la qualité des pieces d'or perduës : & comment étoit fait le sac qui les renfermoit : ayant connu par cet examen que c'étoit-là infailliblement la personne à qui elles appartenoient, il les lui remit telles qu'il les avoit trouvées : Cet homme transporté de joye le pria d'accepter vingt de ces pieces, comme une espece de decime dont il prétendoit le gratifier, & reconnoître sa bonne foy & son desinteressement : mais ce pauvre homme les refusa constamment : *qui noluit accipere* : il lui en offrit dix, le conjurant au moins d'accepter ce petit present : il les refusa également : enfin il le pria au moins d'en prendre cinq : cela ne l'ébranla pas, il les rejetta

rejetta comme il avoit fait les autres. Alors celui qui recouvroit ſon argent, tout déſolé jetta la bourſe par terre, diſant : Je n'ai rien perdu, puiſque vous ne voulez rien prendre : *ſtomachabundus homo projecit ſacculum : Nihil perdidi, ait, ſi nihil vis accipere.* Quel ſpectacle eſt cecy, mes freres, s'écrie ſaint Auguſtin ? quel combat ? qui jamais vid une conteſtation ſemblable ? *quale certamen, fratres mei ! qualis pugna ! qualis conflictus !* le monde en eſt le theatre, & Dieu même en eſt le ſpectateur ; *theatrum mundus, ſpectator Deus.* Enfin ce pauvre homme pour ne pas trop chagriner celui qui le preſſoit ſi fort, prit d'une main quelques-unes de ces pieces, & de l'autre il les diſtribua ſur le champ aux pauvres, ſans en rapporter rien du tout en ſa maiſon *Victus tandem ille, quod offerebatur accepit, & continuò totum pauperibus erogavit : unum ſolidum in domo ſua non dimiſit.*

Imitons un ſemblable deſintereſſement envers le Pere de famille dont nous ſommes les Economes : car, comme on a deja rapporté de la doctrine des Peres : 1. Ce *certain homme riche* de nôtre Evangile, *homo quidam dives*, eſt Jeſus-Chriſt, riche en miſericorde, *dives in miſericordia*, & en qui ſont renfermez tous les treſors de la ſageſſe & de la ſcience de Dieu, *in quo ſunt omnes theſauri ſapientiæ & ſcientiæ abſconditi* : qui a été établi heritier univerſel de toutes choſes, *quem conſtituit hæredem univerſorum* : de la plenitude duquel tout ce que les creatures ont jamais reçu, a découlé ; *de plenitudine ejus nos omnes accepimus* : & qui diſpenſe ſes dons ſuivant ſes deſſeins, & nos beſoins.

2. *Cet Econome*, ou Receveur, *Villicus*, est chaque homme en particulier, qui tient tous les biens qu'il a en maniement de cet opulent Pere de famille, mais à la charge de les cultiver, & de lui en rendre compte : voulant avoir lieu par là, & de nous enrichir, en les faisant fructifier ; & de nous honorer, en couronnant nos travaux.

Au reste, s'il n'est fait icy mention que d'un Econome, ce n'est pas que tous les hommes ne le soient, mais c'est pour nous faire entendre que ce compte sera aussi rigoureux, & qu'on sera aussi attentif à l'exiger de nous article par article, que s'il n'y avoit qu'un seul homme au monde à examiner, & qui dût le rendre : En effet celui qui le reçoit a une force d'esprit & une lumiere infinie ; la multitude ne lui cause aucune confusion, ni la discussion aucune fatigue : il sçait le nombre de nos cheveux, aussi bien que celui des gouttes d'eau & des grains de sable de la mer : il en est ainsi de sa providence, qui ne veille pas plus sur toutes les créatures ensemble, que sur chacune en particulier ; & qui n'est pas moins attentive sur chacune en particulier, que sur toutes ensemble. *Sic curans unumquemque*
Con. 3. 11. *nostrum, tanquam solum cures, & sic omnes tanquam singulos*, dit saint Augustin.

3. Les biens que cet Econome a dissipez, sont les biens de la nature & de la grace, les biens temporels & spirituels, qui appartenoient au Pere de famille, *bona ipsius*, & dont il revest successivement ceux qui les possedent tour à tour : il y a peu de temps que vôtre prédecesseur vous les a laissez : en peu de temps

vous les laiſſerez à vôtre ſucceſſeur : & les uns & les autres en rendrez compte à celui qui vous les a confiez : Ayez donc toujours dans l'adminiſtration de vos biens, la modeſtie d'un Econome craintif, & jamais la fierté d'un Maître arrogant, dit ſaint Chryſoſtome : *Quare nobis Villici humilitas & modeſtia aſſumenda eſt, nihil enim eſt noſtrum, ſed omnia ſunt datoris Dei.*

4. *L'accuſateur* de cet Econome, *diffamatus eſt* : c'eſt le Demon, nommé dans l'Ecriture, *accuſator fratrum* : ce fut lui qui accuſa Job de ne ſervir Dieu que par intereſt, & qui nous accuſera au jour de la reddition de nos comptes, qu'ayant eu plus de graces que lui, nous en avons fait une plus grande diſſipation : Je n'ai commis, dira-t-il qu'un peché de ſuperbe, qu'un peché de penſée ; je n'ai eu qu'un moment à me reconnoître, & le Fils de Dieu n'a pas pris ma nature pour me racheter : mais l'homme n'eſt-il pas infiniment plus prodigue que moy par tous ces endroits ?

5. Cette voix du Pere de famille, qui appelle ſon Receveur à compte, *Et vocavit eum*, eſt l'arreſt de nôtre mort, toujours incertaine quant à l'heure, afin qu'à toute heure nous nous tenions preſts, incertains ſi on nous appellera, ou au matin, ou à midy, ou au ſoir de nôtre âge : *ſerò, an mediâ nocte, an galli cantu, an manè* : Car aprés cette vie écoulée, il n'eſt plus temps, *ni de foüir* la terre dure de nôtre cœur par les actes laborieux de la componction avec les penitens infirmes ; *ni de mandier* l'huile de la devotion avec les Vierges imprudentes ; ni de recourir aux richeſſes pour nous procurer des amis qui nous reçoivent au ſortir de ce monde dans

des tabernacles éternels, parce qu'elles ſont diſſipées; & qu'au lieu d'en avoir fait un treſor de charité, elles ſont devenuës à l'Econome infidele un magazin d'iniquité, *mammona iniquitatis:* attendu qu'il les prenoit avec injuſtice; qu'il les poſſedoit avec attache; qu'il les faiſoit ſervir d'aliment à ſa convoitiſe, & d'inſtrument à ſes vices. Pretendre ſeduire les debiteurs du Pere de famille, en diminuant leurs dettes envers lui; faiſant déchoir du degré *centiéme* de l'huile des Vierges, au *cinquantiéme* d'une vie indulgente: reduiſant le *centiéme* du froment de l'homme apoſtolique, au nombre de *quatre-vingt* d'une vie caduque; afin de trouver dans leur reconnoiſſance intereſſée, un refuge contre les recherches rigoureuſes de la juſtice divine; ce ſeroit à la verité s'attirer la loüange d'un homme d'eſprit; mais ce ſeroit ſe couvrir du blâme éternel d'être un homme injuſte, & frauduleux, capable d'une entrepriſe inſenſée, puiſque ce Pere de famille eſt trop clairvoyant pour ſe laiſſer tromper, & trop puiſſant pour ne ſe pas faire payer juſqu'à la derniere obole, *uſque ad noviſſimum quadrantem.* Reſolvez-vous donc d'employer à ſa gloire & à vôtre ſalut, ce que vous avez reçu de lui, perſuadé que toute autre diſpenſation n'eſt que diſſipation, & qu'enfin vous devez ſervir Dieu ſans intereſt, & l'aimer ſans meſure.

F I N.

Juin 1706.

www.ingramcontent.com/pod-product-compliance
Lightning Source LLC
LaVergne TN
LVHW020303230826
846091LV00006B/2499